P. Michen

Krebs im Kindesalter. Psychosozialer Ansatz von Bewegungstherapie

GRIN Verlag

Bibliografische Information der Deutschen Nationalbibliothek:

Die Deutsche Bibliothek verzeichnet diese Publikation in der Deutschen National-
bibliografie; detaillierte bibliografische Daten sind im Internet über http://dnb.d-
nb.de/ abrufbar.

Impressum:

Copyright © 2007 GRIN Verlag GmbH
Druck und Bindung: Books on Demand GmbH, Norderstedt Germany
ISBN: 978-3-656-95509-2

Dieses Buch bei GRIN:

http://www.grin.com/de/e-book/89934/krebs-im-kindesalter-psychosozialer-ansatz-
von-bewegungstherapie

Krebs im Kindesalter – Psychosozialer Ansatz von Bewegungstherapie

Hausarbeit für das Seminar

„Bewegung, Spiel und Sport bei Entwicklungsstörungen"

im WS 2006/2007

vorgelegt von

Patrizia Michen

Köln, 2007

Inhalt

1. Einleitung

„Ihr Kind hat Krebs" – ein Satz, der Erschütterung, Hilflosigkeit und Todesängste bei den Eltern auslöst.

Unter der Bezeichnung `Krebs` wird eine ganze Reihe von Erkrankungen zusammengefasst, die sehr verschiedene Symptome und Verläufe haben können. Eins verbindet sie: Der Oberbegriff Krebs ist auch heute noch wie kein anderer mit Angst, Hilflosigkeit und Verzweiflung verknüpft.

Jährlich erkranken ca. 1800 Kinder, bei einer Bevölkerungszahl von 13 Millionen unter 15-Jährigen, an Krebs. Es ergibt sich eine Anzahl der Neuerkrankungen von 14 pro 100.000 Kinder.

Die häufigsten Krankheitsbilder bei Kindern sind **Leukämie**, das Blutkrebs, die **Zentrale Nervensystem-Tumore**, somit Gehirn und Rückenmark, und **Lymphome**, Lymphknotenkrebs (vgl. Bertz et al., 2006, S.100).

Durch Fortschritte der Medizintechnik, der Forschung und Therapiemaßnahmen haben sich die Überlebensraten deutlich verbessert. Die Heilungschancen liegen heute 5 Jahre nach Diagnosestellung bei 80% und nach 10 Jahren bei 77% (vgl. Bertz et al., 2006, S.100).

Auch wenn die Heilungsraten für sich sprechen und die Behandlungsmethoden sich in den letzten Jahren verbessert haben, ist die Bewältigung der Krankheit und Therapie mit ihren Nebenwirkungen eine große Hürde für das erkrankte Kind und sein familiäres Umfeld. Die psychische und körperliche Belastung kann einschlagende Auswirkungen auf die Entwicklung des Kindes, sowie auf die Lebensqualität haben (vgl. Calaminus, 2003, S.6). Folgendermaßen richtet sich das Hauptmerkmal bei Krebs erkrankten Kindern nicht mehr nur auf den medizinischen Eingriff, sondern zusätzlich auch auf seine psycho-soziale Situation. In diesem Zusammenhang bietet sich das Medium Bewegung an. „Durch das Medium Bewegung wird das Kind in seiner Entwicklung und Krankheitsbewältigung unterstützt und gefördert und die kindeigenen Gesundheitsressourcen gestärkt" (Kopf, 2005, S.166)

Der Augenschein dieser Arbeit soll auf die psycho-sozialen Aspekte von Therapiemaßnahmen, insbesondere auf die der Bewegungstherapie, und ihre Folgen für die Entwicklung und Lebensqualität der Kinder während einer Krebserkrankung fallen.

2. Medizinische Grundlagen der Krebserkrankungen im Kindesalter

Allgemein bezeichnet der Begriff „Krebs" ein multifaktorielles pathologisches Geschehen, bei dem sich Zellen übermäßig oder unkontrolliert vermehren - mit einer zuvor gegangenen möglichen Entdifferenzierung der Zelle. Mit Entdifferenzierung ist gemeint, dass die Zelle ihre ursprüngliche Gestalt und Funktion teilweise oder ganz verliert. Je nach Stärke der Entdifferenzierung besitzen diese Zellen die Fähigkeit, in anderes Gewebe einzudringen, dieses zu zerstören und sich als Metastasen, abgestreute Tochtergeschwülste, zu vermehren. Diese Zellen werden als maligne, bösartige, Zellen bezeichnet. Gutartige, benigne, Zellen wachsen langsam und verdrängen umgebendes Gewebe lediglich. Man unterscheidet eine große Gruppe von Erkrankungen, die nach dem Ort oder Zelltyp benannt werden, von dem sie ausgehen (vgl. Dimeo, S.11-12).

Es werden drei Hauptgruppen unterschieden, die sich wiederum in hundert von Krebsarten unterteilen lassen.

Die Hauptgruppen sind:

- **Sarkome** entstehen im Binde-, Stütz- und Nervengewebe wie Knochen, Knorpel, Nerven, Blutgefäßen, Muskeln und Fett.
- **Karzinome** sind die häufigste Krebserkrankung beim Menschen; sie entstehen im sog. Epithelgewebe wie Haut, Auskleidung von Körperhöhlen, Organen und im Drüsengewebe der Brust und Prostata.
- **Leukämie** und **Lymphome** befallen blutbildende Organe wie die Milz und das Knochenmark. (O.A., 2006)

2.1. Epidemiologie

Wie schon in der Einleitung erwähnt liegt die Häufigkeit bösartiger diagnostizierter

Fälle in Deutschland jährlich bei etwa 1.800 Neuerkrankungen pro 13 Millionen unter

15-Jährigen. Es ergibt sich eine Inzidenz von 14 pro 100.000 Kinder der

Altersgruppe unter 15-Jähriger. Die Wahrscheinlichkeit der bösartigen Erkrankung

beträgt bei Kindern etwa 0,2%; somit wird bei jedem 500. Kind eine bösartige

Krebserkrankung diagnostiziert (vgl. Bertz et al., 2006, S.100).

Die Krebserkrankungen im Kindes- und Jugendalter nehmen eine Sonderstellung ein, da sie sich von den Krebsformen im Erwachsenalter unterschieden. Im Kindesalter treten eher embryonale Tumore auf, die während der Organentwicklung durch Gewebefehldifferenzierung entstehen, während es sich im Erwachsenenalter eher um Karzinome handelt (vgl. Bertz et al., 2006, S.100).
Die größten Diagnosegruppen werden in der folgenden Abbildung deutlich:

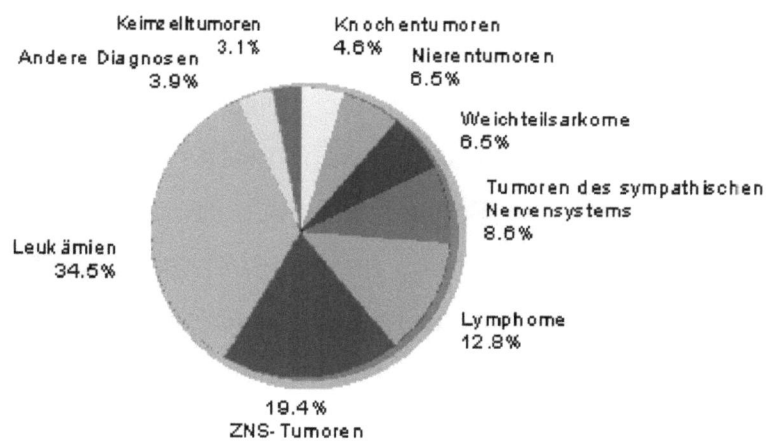

Abbildung 1 Relative Häufigkeit der gemeldeten Patienten nach den häufigsten
Diagnosegruppen (Deutschland: 1990-1999) • Datenquelle: Deutsches
Kinderkrebsregister Mainz, Jahresbericht 1999-2000

2.2. Ätiologie

„Eine gemeinsame Ursache für alle Krebserkrankungen ist nicht gefunden worden, ist auch nicht anzunehmen. Viele Faktoren spielen eine Rolle, zahlreiche exogene Einflüsse kommen in Betracht" (Gutjahr, 1987, S.24).

Univ.-Doz. Dr. A. Zoubek und Uni.-Prof. Dr. H. Gadner erklären in ihrem Beitrag zu Krebs bei Kindern, dass Ursachen der Krebsentstehung im Kindesalter noch weitgehend unbekannt sind. Man kann aber davon ausgehen, „dass die Ursache dieser Erkrankungen wohl eher auf eine konstitutionelle, genetische Prädisposition zurückzuführen ist, als auf den Einfluss von Umweltnoxen" (1997, S.28).

"Kinder, deren Immunsystem zu wenig stimuliert wird, haben möglicherweise ein erhöhtes Risiko an Leukämie zu erkranken", so Dr. Peter Kaatsch, Leiter des Deutschen Kinderkrebsregisters in Mainz (vgl. O.A., 2006). Dr. Peter Kaatsch zieht somit mögliche Ursachen in Betracht, die aus einem schwachen bzw. angeschlagenen Immunsystem, hervorgehen könnten.

Das Deutsche Ärzteblatt veröffentlichte 2005 ein Resümee über eine Fallkontrollstudie zu den Ursachen von Leukämien im Kindesalter, durchgeführt durch das Deutsche Kinderkrebsregister zwischen 1992 und 2000. Es konnte festgestellt werden, dass Lebensgewohnheiten wie Zigarettenrauchen oder Alkoholkonsum während der Schwangerschaft keinen Einfluss auf ein erhöhtes Krebsrisiko des ungeborenen Kindes haben. Auch eine vorherige Fehlgeburt oder ein erhöhtes Alter der Mütter ergab keinen Zusammenhang mit der Risikorate. Die Studie zeigte jedoch, dass positive Assoziationen bei Kindern mit erhöhten (> 4 kg) als auch niedrigeren (< 2,5 kg) Geburtsgewicht, sowie bei Kinder mit Trisomie 21 – dem sogenannten Down-Syndrom gefunden wurden (vgl. Schülz et al., 2005, S.2558). Dies würde die These der genetischen Ursache von Univ.-Doz. Dr. A.Zoubek und Uni.-Prof. Dr. H. Gadner unterstützen.

Was Umweltfaktoren, wie Strahlung oder Pestizide, angeht, die in früheren Jahren als großer Risikofaktor angesehen worden sind, kann heute jedoch verstärkt vermutet werden, dass „ein schwacher Zusammenhang mit dem Auftreten von

Leukämie im Kindesalter nicht ausgeschlossen werden kann, der Anteil dadurch verursachter Fälle doch eher gering ist" (vgl. Bertz et al., 2006, S.100).

2.3. Häufigste Krankheitsbilder bei Kindern

2.3.1. Leukämie

„Die **Leukämie** (griechisch λευχαιμία, von λευκό, leukó - das weiße und αίμα, äma - das Blut), mitunter auch als Blutkrebs bezeichnet, ist eine Erkrankung des blutbildenden Systems [....] Leukämien zeichnen sich durch stark vermehrte Bildung von weißen Blutkörperchen (Leukozyten) und vor allem ihrer funktionsuntüchtigen Vorstufen aus. Diese Leukämiezellen breiten sich im Knochenmark aus, verdrängen dort die übliche Blutbildung und treten in der Regel auch stark vermehrt im peripheren Blut auf. Sie können Leber, Milz, Lymphknoten und weitere Organe infiltrieren und dadurch ihre Funktion beeinträchtigen. Durch die Störung der Blutbildung kommt es zur Verminderung der normalen Blutbestandteile. Es entsteht eine Anämie durch Mangel an Sauerstoff transportierenden roten Blutkörperchen (Erythrozyten), ein Mangel an blutungsstillenden Blutplättchen (Thrombozyten) und ein Mangel an funktionstüchtigen weißen Blutkörperchen (Leukozyten). Folgen sind Symptome wie Blässe, Schwäche, Blutungsneigung mit spontanen blauen Flecken und Petechien, Anfälligkeit für Infektionen mit Fieber sowie geschwollene Lymphknoten, Milz- und Lebervergrößerung und manchmal Knochenschmerzen" (Wikipedia, 2007)

Grundsätzlich wird unter akuter und chronischer Leukämie unterschieden.
Bei Kindern überwiegt die akute Form, bei der unter akute lymphpatische Leukämie (ALL) und akute nicht-lymphatische Leukämie (ANLL) differenziert wird, wobei die Überlebensrate bei ANLL um einiges niedriger liegt als bei ALL (vgl. Bertz et al., 2006, S.100). Hauptunterschied zwischen den beiden Formen besteht darin, aus welcher Art der weißen Blutkörperchen die Leukämiezellen hervorgehen. ANLL geht von Vorläuferzellen der sogenannten Granulozyten, und ALL von Vorläuferzellen der sogenannten Lymphozyten aus.

2.3.2 ZNS-Tumore

Hierbei handelt es sich um maligne Tumore, medizinischer Ausdruck für Krebs, die im Zentralennervensystem des Körpers gebildet werden – im Gehirn und Rückenmark. Die häufigsten Unterformen sind Astrozytome, mit einer auftretenden Häufigkeit von 9,6%, neuroektodermale Tumore mit 4,9% und Ependymome mit 2,1% (vgl. Bertz et al., 2006, S.100).

2.3.3 Maligne Lymphome

„Als maligne Lymphome fasst man die bösartigen Systemerkrankungen der Lymphknoten, die malignen Non-Hodgkin-Lymphome und den Morbus Hodgkin zusammen und grenzt sie gegen Lymphknotenvergrößerungen anderer Ursachen (meist reaktiv-entzündlich) ab" (Oehme et al., 1981, S.115).

Die Inzidenz ist für beide Formen gleich groß, wobei Morbus Hodgkin die höchsten Überlebenschancen in der pädiatrischen Onkologie hat (vgl. Bertz et al., 2006, S.100).

2.4. Behandlungsformen und ihre Nebenwirkungen

Bei den Behandlungsformen unterschiedet man unter lokalen und systemischen Therapiemaßnahmen. Zu den lokalen Behandlungsformen zählt der chirurgische Eingriff, sowie die Strahlentherapie. Die hauptsächlich bei örtlich begrenzten Tumoren angewandt werden. Die systemische Behandlungsform beinhaltet die Chemotherapie, Hormontherapie, Immuntherapie und Antikörpertherapie. Sie wird bei Tumoren mit Metastasenbildung, Leukämie und Lymphome angewandt (vgl. Dimeo, 2006, S.25).

Oft werden Therapien kombiniert, um eine höherer Heilungschance zu erreichen.

2.4.1. Lokale Behandlungsformen

a)   Chirurgische Behandlungsform

Ziel eines operativen Eingriffes ist es, den kompletten Tumor zu entfernen. Dabei wird auch ein Teil vom gesunden-angrenzenden Gewebe einschließlich der am nächsten liegenden Lymphknoten entfernt, um dort eventuell abgesiedelte Metastasen zu erfassen (vgl. Dimeo, 2006, S.26).

b)   Strahlentherapie

„ In der Strahlentherapie werden energiereiche elektromagnetische Strahlen eingesetzt, wie Röntgen-, Zäsium- oder Kobalt-Gamma-, Korpuskularstrahlen oder auch Neutronen und Elektronen, die in speziellen Beschleunigern erzeugt werden" (Irmey et al, 2005, S.44).

Die Bestrahlung erfolgt direkt auf das kranke Gewebe mit einer hohen Strahlendosis, wobei gesundes Gewebe abgeschirmt wird. Aufgrund der schnellen Zellteilung von Krebszellen, reagieren sie sehr empfindlich auf Bestrahlung – sie werden beschädigt oder zerstört (vgl. McKay et al., 1995, S.27).

Die Strahlentherapie dient ebenfalls dazu, Tumore vor einem chirurgischen Eingriff zu verkleinern oder um nach Operationen mögliche Metastasen zu zerstören. Als weiteres wird sie oft mit einer Chemotherapie verbunden, da einige Medikamente die Empfindlichkeit von Krebszellen auf Strahlung verbessern können (vgl. McKay et al., 1995, S.28).

Nebenwirkungen einer Strahlentherapie zeigen sich in einer Unterdrückung der Blutbildung, Schleimhautschädigung oder Zerstörung von gesundem Gewebe, besonders von Zellen, die sich ebenfalls schnell teilen wie Krebszellen (vgl. Dimeo, 2006, S.27). Es zeigt sich, dass die Strahlentherapie keine selektive Wirkung auf maligne Zellen hat und somit auch normales Körpergewebe angegriffen wird.

„Etwa 50 bis 60 Prozent aller Krebspatienten benötigen im Laufe ihrer Erkrankung eine Strahlentherapie" (Dimeo, 2006, S.27).

2.4.2. Systemische Behandlungsformen

a)   Chemotherapie

Bei der Chemotherapie handelt es sich um eine medikamentöse Therapie, bei der die Krebszellen in ihrer Entwicklung gehemmt, beschädigt oder zerstört werden. Die sogenannten Zytostatika sind phasen-spezifische Medikamente. Sie greifen die Krebszellen in ihrer Zellteilungsphase an und lassen sie absterben. Medikamente, die zyklus-spezifisch wirken, greifen Krebszellen in allen Lebensphasen an. Hormone hingegen verlangsamen den Wachstum von Krebszellen lediglich. Oft wird eine Kombination von Medikamenten eingesetzt, die unterschiedlich wirken. Dies ist effektiver und reduziert unerwünschte Nebenwirkungen auf gesunde Zellen (vgl. McKay et al., S.28-30).

Aber auch Chemotherapie wirkt nicht selektiv und folgendermaßen auch auf gesunde Zellen mit einer hohen Zellteilungsrate. Dazu gehören Zellen des Knochenmarks, Blutbildungszellen, Zellen der Schleimhäute des Magen-Darm-Traktes und Haarzellen (vgl. McKay et al., S.31).

Dies hat mögliche Nebenwirkungen zur Folge, wie „Haarausfall, Durchfälle, Störung der Blutbildung, Immunschwäche und Unfruchtbarkeit" (Dimeo, 2006, S.29). Bei einer Störung des Blutbildes, welche Auswirkung auf die Anzahl von roten oder weißen Blutkörperchen oder Blutplättchen hat, kann es zu Blutarmut, Blutungsneigung oder Infektionsneigung kommen.

„Wegen der manchmal starken Nebenwirkungen können Zytostatika, meist nur kurzfristig und mit Pausen verabreicht werden. So dauert ein Zyklus meist 3,4 oder 6 Wochen, obwohl nur 1 bis 5 Tage Chemotherapie verabreicht werden" (Dimeo, 2006, S.29).

b)   Stammzelltransplantation

„Das Prinzip einer Knochenmark- bzw. Blutstammzellentransplantation beruht daruf, das erkrankte Knochenmarkt eines Patienten (...) durch ein neues gesundes zu ersetzen" (Leuschner, 2006, S.181).

Leuschner (2006, S.181) erklärt weiter, dass die Transplantation aus dem Knochenmarkt oder von Stammzellen aus dem Blut entnommen werden. Hierbei können die Stammzellen von familiären-allogenen oder fremd-allogenen Spendern stammen bzw. sogar aus eigenem Knochenmarkt oder peripheren Blut, welches als autologe Transplantation bezeichnet wird.

Nebenwirkungen, die auftreten können sind „Infektionen, Blutungen, Schädigungen von Organen und Unverträglichkeitsreaktionen zwischen Zellen des Spenders und des Empfängers" (Leuschner, 2006, S.181).

3. Psychosoziale Auswirkung der Krankheit auf die Lebenssituation von Kindern und des familiären Umfeldes

3.1. Belastung des erkrankten Kindes

Durch Fortschritte der Medizin kann heutzutage der Verlauf vieler lebensbedrohlicher oder früher schnell tödlich verlaufender Erkrankungen so verändert werden, dass ein Überleben im Einzelfall wahrscheinlich gesichert wird und dass eine kaum verringerte Lebenserwartung besteht.

Durch die Krebs Erkrankung eines Kindes ändert sich aber schlagartig die komplette Lebenssituation – nicht nur für das Kind, sondern auch für das ganze familiäre Umfeld. Medizinische Untersuchungen, längere Krankenhausaufenthalte, Nebenwirkungen der Therapien – das alles sind Faktoren, die das Kind unerwartet aus seinem normalen Alltag reißen.

Petermann (1998, S.527-528) listet die Problematik dieser Situation gut auf. Durch die längeren Krankenhausaufenthalte werden die Kinder von ihrer Bezugsperson getrennt, werden aus der gewohnten Umgebung herausgerissen und müssen sich plötzlich mit fremden Menschen auseinandersetzen .

Die kindliche Entwicklung im sozialen Bereich ist in erster Line geprägt von den ersten Bindungserfahrungen, die sie in der Familie, im Kindergarten und später in der Schule machen. Es wird die Grundlage für den Erwerb von sozialen Verhaltensweisen geboten, die Auswirkungen auf das Integrieren ins soziale Umfeld haben (vgl. Zimmer, 2002, S.34).

Somit kann daraus geschlossen werden, dass ein Einschnitt in das gewohnte Leben die „normale" soziale Entwicklung beeinflussen kann, da die Kinder über wenige Kontakte zu gleichaltrigen Kindern verfügen und die Bindung zu den Eltern verändert wird. Auf diese Veränderung werde ich ins besondere im nächsten Kapitel eingehen. Zusätzlich ist bei Kindern mit Knochenmarkt- oder Blutstammzellentransplantationen in der ersten Zeit der Sozialkontakt durch das hohe Infektionsrisiko sowieso gehemmt.

Mit der Einweisung ins Krankenhaus wird gleichzeitig das Bewegungsumfeld des Kindes eingeschränkt. Problematisch wird es besonders bei Kindern in den ersten Lebensjahren. Durch die Einschränkung in ihrem natürlichen Bewegungsumfeld kann es zu Entwicklungsverzögerung kommen - „in den ersten Lebensmonaten vollzieht sich die motorische Entwicklung mit großer Schnelligkeit" (Zimmer, 2003, S.74).

Neben diesen Gegebenheiten kommt die medizinische Seite hinzu:. Tägliche Medikamenteneinnahme, Untersuchungen und Infusionen bestimmen den Alltag des Kindes. Hinzu kommen die zahlreichen Nebenwirkungen. Wie bereits erwähnt können die Kinder unter Übelkeit, Erbrechen, Schmerzen, Haarausfall, Erschöpfungszustände, Müdigkeit und vielen anderen funktionseinschränkenden Folgen leiden.

Der Körper kann die gewohnte Belastung nicht mehr erbringen und zeigt vermehrt seine Grenzen auf. Die Kinder verlieren das Vertrauen in ihren Körper, der ihnen nicht mehr gehorcht. Eine zusätzliche Folge daraus ist ein Bewegungsmangel, der wiederum Auswirkungen auf die motorische Entwicklung des Kindes hat (vgl. Kopf, S.166).

Kinder müssen den Alltag, bestehend aus medizinischer Untersuchung, Therapie und ihrer Folgen erdulden, da ihnen das altersabhängige Wissen, Verständnis, aber auch das Recht fehlt, eine eigene Entscheidung über die Behandlung zu treffen. Die Entscheidung über ihr Leben liegt in den Händen der Ärzte und Eltern. Durch dieses Ausgeliefertsein, verlieren die Kinder an Selbstständigkeit und somit an Autonomie (vgl. Dimeo, S.163).

Ein weiterer Punkt der eine hohe Belastung des Kindes in seiner Lebenssituation bedeutet, ist die schon frühe Konfrontation mit dem Thema Krankheit und Tod. Das Kind kann nicht mehr wirklich Kind sein; es muss sich mit dem Grundgedanken der menschlichen Existenz auseinandersetzen. Der Gedanke der Strafe kann aufkommen (vgl. Schwarz, S.130). Das Ausbrechen der Krankheit bei sich sieht das Kind als Bestrafung für Dinge, die er vielleicht verbrochen hat.

Bei Kindern mit einer Leukämie-Erkrankung stellt man nicht selten Auswirkungen auf das zentrale Nervensystem und die psychische Entwicklung fest. Zurückführen lässt es sich auf Bestrahlungsformen, die auf die intellektuelle Leistung, wie Konzentration, Merk- und Lernfähigkeit Einfluss nehmen (Vgl. Calaminus, S.6).

Ähnlichkeiten findet man auch bei Kindern mit einem Hirntumor. Intellektuelle Leistungsminderung, aber auch körperliche Einschränkungen mit Schmerzen sind

Folgen, die Einflüsse auf das eigene Körpervertrauen und die psychische Ebene haben können (vgl. Calaminus, S.6). Ursache ist vermutlich die Platzeinnahme des Tumors und die folgende Mangelentwicklung des Gehirns und der Denkstrukturen. Folge sind Defizite wie „Störungen des Gleichgewichts und Gangbildes mit Ataxie, Störung der fein- und grobmotorischen Koordination, Defizite von Kraft und Ausdauer, häufig auch von Konzentrations- oder Erinnerungsvermögen" (Krauth, 2006, S.190).

„Abhängig von Lebensalter, geistiger Reife und familiärer Situation werden Krebs und Leukämie von Kindern und Jugendlichen unterschiedlich erlebt" (Hertl, 1981, S.341) und somit fallen auch die Reaktionen der Kinder auf ihre „neuen" Lebensumstände differenziert aus.
„Verweigerung, Verleugnung, aggressives Verhalten, Regressionen, Reaktionsbildung und Überkompensation..." (Bürgin, 1991 S.131) verbunden mit „negativen Affekten (z.B. Angst, Wut, Ärger, Haß)" (Bürgin, 1991, S.131) können Reaktionen von Kindern auf die für sie einwirkende Situation sein.

Es treten altersabhängige Unterschiede in der Wahrnehmung von Nebenwirkungen bei Kindern im Gegensatz zu den Erwachsenen auf. „Fragen von Schuld und Strafe, magisch-animistische Vorstellungen von bösen Geistern, Zauberern, Hexen, sprechenden Steinen und Ängste, die von den Kindern nur sehr vage wahrgenommen werden" (Dimeo, 2006, S.161) sind beispielsweise Erlebnisformen von Therapie und Nebenwirkungen.

3.2. Belastung der Eltern

Die Belastung durch die Krankheit des Kindes wird von der ganzen Familie getragen und durchlebt. Eltern empfinden die Krankheit ihres Kindes oft als Strafe geprägt von Schuld- und Selbstvorwürfen.
Hertl (1981, S.346) nennt diese Phase der Vorwürfe, Selbstkritik und Schuldvorwürfen wegen möglicher genetischer Vererbung, die Suchtphase. Sie ist die zweite Reaktion auf die Diagnose, nach erster Erschütterung und Unfassbarkeit. Hinzukommt, dass Eltern, insbesondere die Mütter, dazu neigen ihre Kinder zu verwöhnen. Zum Schutz werden viele Aufgaben den Kindern abgenommen, was jedoch oftmals den gegensätzlichen Effekt bewirkt. Kinder werden ihrer Selbstständigkeit sowie des Selbstvertrauen beraubt. Normalität des gewohnten

Lebens findet das Kind durch die zunehmende Aufmerksamkeit nicht wieder (vgl. Petermann, S.85).

3.3. Belastung der Geschwister

Ein Kind, dass an Krebs erkrankt, bekommt gezwungenermaßen eine Sonderstellung in der Familie, die Auswirkung auf andere Familienmitglieder haben kann.

Petermann (1987, S.86) berichtet, dass die psychische Reaktion von Geschwistern krebserkrankter Kinder kaum erforscht ist. Es lassen sich jedoch unterschiedlich ausgeprägte Leistungs- und Verhaltenprobleme, sowie psychische Probleme, feststellen. In einigen Studien konnte erfasst werden, dass gesunde Geschwister hohe Ängste ihrer Gesundheit betreffend durchleben. Genauso wie die erkrankten Kinder, entwickeln auch sie ein negatives Selbstbild und allgemein stark ausgeprägte Ängste.

Schuldgefühle bei gesunden Geschwistern ist keine Seltenheit. Sie suchen nach der Ursache der Krankheit bei sich selber, fühlen sich schuldig, weil sie nicht betroffen sind oder bekommen Schuldgefühle, da das erkrankte Geschwisterteil nicht alle Aktivitäten teilen kann (vgl. Petermann, 1987, S.87).

Ein weiters Problem das auftreten kann, ist dass die Eltern-gesundes Kind-Beziehung ins wanken kommt. Durch die, wie eben beschrieben, „Verwöhnung" des erkrankten Kindes, fühlen sich die Geschwister oft der Zuwendung beraubt. „Trotz und Eifersuchtsreaktionen, Enuresis, Autoaggression, offene Aggression gegen die sie vernachlässigenden Eltern, Todeswünsche gegen das kranke Geschwister, Schulschwierigkeiten, Depressionen aus Angst, selbst zu erkranken" (Hertl, 1981, S.350) können Reaktionen sein auf die gefühlte Vernachlässigung durch die Eltern.

In einer von Petermann durchgeführten Studie konnte festgestellt werde, dass es für die gesunden Geschwister von Vorteil ist, genau über die Krankheit des Geschwisterteils informiert zu sein. „Informierte Geschwister können sich naheliegenderweise besser in den Krebskranken hineindenken und fühlen sich von ihren Eltern nicht vernachlässigt [....] schlecht oder nicht informierte Geschwister ihre Eltern als negativ und strafend erleben" (Petermann, 1987, S.88).

Es muss jedoch grundsätzlich erwähnt werden, dass eine Belastung des gesunden Geschwisterteils nicht zwangsläufig auftreten muss.

4. Bewegungstherapie

4.1. Einflüsse von körperlicher Aktivität

Es ist allgemein bekannt, dass körperliche Aktivität eine positive Wirkung auf unseren Körper und dessen Verfassung hat.

Stärkung des Herzkreislauf-Systems, Stabilisierung des Immunsystems, sowie des passiven Bewegungsapparates sind nur einige für den Sport sprechende Argumente. Hinzu kommen die sozialen und psychischen Auswirkungen.

Zahlreihe Bewegungserfahrungen bauen ein positives Körperbewusstsein auf, dass Vertrauen in den eigenen Körper und seine Fähigkeiten bringt. Die Folge ist ein gestärktes und positives Selbstbild, sowie ein gestärktes Selbstvertrauen und Selbstwertgefühl.

Bewegung in der Gruppe löst zusätzlich Isolationen und fördert die sozialen Kontakte (vgl. Baumann, 2000, S.14f.).

4.2. Einflüsse von körperlicher Aktivität auf die Befindlichkeit krebskranker Kinder

Körperliche Aktivität bei krebskranken Kindern hat als primäres Ziel eine Verbesserung der Lebensqualität während und nach der Therapie durch Förderung und Erhalt der physischen und psychosozialen Leistungsfähigkeit (vgl. Leuscher, 2006, S.183). Es wird versucht so früh wie möglich den Auswirkungen einer Erkrankung auf die Lebenssituation vorzubeugen - begonnen wird bereits in der akuten Phase einer Therapie. Hauptbestandteil der Bewegungstherapie bereits mit Beginn der medizinischen Behandlungsformen sollte darin bestehen, den Kindern Spaß und Freude an Bewegung mit kindgerechten Elementen zu übermitteln und sie ohne Vorraussetzung von Zwang und Leistung, also auf freiwilliger Basis, dazu zu motivieren (vgl. Kopf, 2005, S.167).

In der Klinik für Knochenmarkttransplantation und Hämatologie/Onkologie Idar-Oberstein wurde für ein Studienprojekt von Leuschner adäquate Bewegungs- und Sporttherapie mit Kindern und Jugendlichen in der stationären und ambulanten Phase durchgeführt. Leuschner beschreibt die Therapie in der Akutphase als schwierig, da die Kinder an starken Stimmungsschwankungen, verursacht durch Medikamente und die psychische Belastung, litten (2006, S.183). Das bestätigt, dass bei der Arbeit mit krebserkrankten Kindern erst mal der Spaß und die Freude an Bewegung geweckt werden muss, um dann auf indirektem Wege das Hauptziel der Bewegung zu erreichen.

Die Eigenkräfte der Kinder sollten frühzeitig mobilisiert werden (vgl. Scharf, Wuftange, 2003, S.8), um nicht nur Entwicklungsstörungen vorzubeugen, sondern auch die allgemeine physische Leistungsfähigkeit, sowie die psychische Verfassung zu steigern. „Beim wilden Luftballonjagen auf dem Trampolin kann der junge Patient gut dem Frust Luft machen" (Kopf, 2006, S.186). Bewegung wird somit zusätzlich zum Ventil für Aggressionen und Wut, die sich durch die auftretende Situation der Kinder entwickelt haben könnten. Es wird nicht nur einem Bewegungsmangel und dem darausfolgenden Muskelabbau vorgebeugt, sondern auch durch vielfältige Bewegungserfahrungen der Körper neu kennen gelernt und das Körperbewusstsein und -vertrauen verbessert. Erfolgserlebnisse machen den Kindern Mut und stärken ihr Selbstbewusstsein. Sie werden zunehmend selbstständiger (vgl. Kopf, 2006, S.187).

Leuschner (2006, S.184) betont, dass die Inhalte und Belastungen der Bewegungstherapie mit krebskranken Kindern sehr flexibel gewählt werden sollten. Sie sind abhängig von Alter, Verfassung, Leistungsfähigkeit und Selbsteinschätzung des Kindes, Materialmöglichkeiten und der Räumlichkeiten, sowie von der Erfahrung des Therapeuten.

Wichtig ist es auch mehrere Kinder gemeinsam zur Bewegung zu motivieren. Gemeinsames spielen, Bewegung erfahren und Probleme lösen fördert die soziale Entwicklung. „Gruppendynamische Aspekte fördern zusätzlich die sozialen Kompetenzen des Kindes" (Kopf, 2005, S.168).

Um einen nahtlosen Übergang der Rehabilitationskette zu sichern, schließt sich an die Akutklinik eine stationäre Rehabilitation. Hier wird insbesondere ein familienorientierte Rehabilitation empfohlen, da die Erkrankung des Kindes die ganze Familie betrifft und sie den medizinischen Therapieerfolg stabilisiert und verstärkt. Prinzip der familiären Rehabilitation ist „die langfristige Vermeidung von Schäden bei Funktionseinschränkung, andererseits auch um Akzeptanz (Coping) von Veränderungen des Körperbildes und Funktionseinbußen (...) unter Nutzung medizinischer, physiotherapeutischer, psychologischer, pädagogischer und diätetischer Methoden, den Patienten so nah wie möglich an den Gesundheitszustand und die Lebensmöglichkeiten eines gleichaltrigen Gesunden heranzuführen und die Familie als Ganzes zu stabilisieren" (Krauth, 2006, S.188). Krauth führt in diesem Zusammenhand die Klink Bad Oexen als Beispiel an. Hierbei handelt es sich um eine Klinik mit familienorientierter Rehabilitation, die Bewegung- und Sportangebote als großen Bestandteil der Therapie sieht. Das Angebot an sporttherapeutischem Programm und sportlicher Freizeitgestaltung ist groß. Therapie im Wasser, mit Pferden, mit Musik, Klettern, Laufen, Walken, Qigong oder Tai Chi sind nur ein kleiner Teil. Große Wichtigkeit legt die Klink darin, dass die Kinder die Therapie als „Spiel" empfinden und somit die Dichte an Therapiemöglichkeiten erhöhen. Großen Wert legt die Klinik zusätzlich drauf, individuell auf die Wünsche der Kinder und Eltern einzugehen, um Ablehnung vorzubeugen und den Kindern alle Angebote offen zu halten. Es zeigt sich wieder, dass der Spaß des Kindes an Bewegung im Vordergrund geweckt werden muss und Bewegung nicht als eigentliche Therapie angesehen werden darf. Zum Konzept der Klinik gehört auch die Integration der Familie in die Therapie. Bewegung wird gemeinsam von dem kranken und gesunden Geschwistern erlebt, Kind und Eltern-Kurse stärken die Familie (vgl. Krauth, 2006, S.189). Auswirkungen der Krankheit auf die Familienbeziehung und das Familienleben werden so verhindert oder gelindert.

Ein genauer Therapieplan ist abhängig von der jeweiligen Erkrankungsart. Als Beispiel führt Krauth unter anderem Leukämie und Lymphome auf. Durch Nebenwirkungen wie Entwicklungsverzögerungen oder „Polyneuropathien mit Symptomen von Vibrationsempfindungsstörungen bis hin zum Ausfall von Reflexen" (Krauth, 2006, S.190), liegt der Schwerpunkt der Therapie bei Koordinationsschulung von Fein- und Grobmotorik, sowie sensorisch integrative oder psychomotorische Therapie.

Bei Kindern mit einem Hirntumor kommt es zu Störungen des Gleichgewicht und Gangbildes, der Fein- und Grobmotorik, sowie des Konzentrations- oder Erinnerungsvermögen. Wasser- und Hippotherapie sind hier die Hauptbestandteile, sowie die Ergotherapie.

5. Zusammenfassung

Durch die Arbeit konnte dargestellt werden, welche große Rolle das Medium Sport in der Krebstherapie bei Kindern haben kann.

Es hat sich gezeigt, dass Sport hierbei ein Lösungsansatz und Zugang für die physischen und psychischen Folgen der Krankheit und Therapie, die das Kind in seiner „normalen" Entwicklung beeinträchtigen können, bieten kann. Nebenwirkungen werden gelindert, physische Leistungsfähigkeit stabilisiert und gestärkt und ein allgemeines physischen und psychische Wohlbefinden gefördert. Folge sind ein verbesserte Verträglichkeit der Therapie und Umgang mit der Krankheit.

Was sich deutlich hervorgehoben hat, ist die Indikation der Bewegung als Spaßfaktor. In allen Phasen der Rehabilitationskette ist die Erregung von Spaß durch Bewegung bei den Kindern das Hauptziel. Bewegung darf bei den Kindern nicht als Therapie, schon gar nicht als Zwang und Muss angesehen werden. Wird dies erreicht, erfüllt auch die Bewegung als Therapie ihr Ziel.

Wichtig ist es auch die ganze Familie in das Bewegungsprogramm zu involvieren, um mögliche Auswirkungen der Krankheit auf das Familienleben zu verhindern und bereist vorhandene Probleme zu lindern und zu beseitigen.

Schlussfolgernd kann gesagt werden das Sport in der Krebstherapie bei Kindern ein wichtiger Bestandteil sein sollte und somit weiter gefördert und unterstützt werden sollte.

6. Literaturverzeichnis

Baumann, M. (2000). *Bewegung und Sport bei Krebs: ein Projekt der Schweizerischen Krebsliga.* Bern: Schweizerische Krebsliga

Bertz, J., Giersiepen, K., Haberland, J., Hentschel, S., Kaatsch, P., Katalinic, A., Stabenow R., Stegmaier, C. & Ziegler, H. (2006).Krebs bei Kindern. In Gesellschaft der epidemiologischen Krebsregister in Deutschland e.V und das RKI (Hrsg), *Krebs in Deutschland: Häufigkeiten und Trends* 5. überarbeitete, aktualisierte Ausgabe (S.100-104). Saarbrücken

Bürgin, D. (1991). Die Bedeutung der chronischen Krankheit für Kind und Familie. In R. Schwarz & S. Zettl (Hrsg.), *Psychosoziale Krebsnachsorge in Deutschland: Eine Standortbestimmung.* (S.129-139). Heidelberg: Verlag für Medizin Dr. Ewald Fischer

Calaminus, G. (2003). Lebensqualität...bei Kindern und Jugendlichen mit Krebserkrankungen. *WIR*, 3, 6-7

Dimeo, F. C. (2006). *Krebs und Sport: ein Ratgeber nicht nur für   Krebspatienten.* Berlin: Weingärtner.

Dr.med. Irmey, G. & Dr.phil. Jordan, A.-L. 2005. *110 wirksame Behandlungsmöglichkeiten bei Krebs: gezielte Information: die wichtigsten Methoden und unterstützenden Maßnahmen....* Stuttgart: Haug

Gutjahr, P. (1987). *Krebs bei Kindern und Jugendlichen: Klinik und Praxis der pädiatrischen Onkologie,* 2., völlig neu bearb. Aufl. Köln: Dt. Ärzte-Verl.

Kopf, B. (2005). Psychomotorik in der pädiatrischen Onkologie – Angebote für krebskranke Kinder. *Praxis der Psychomotorik – Zeitschrift für Bewegungsförderung,* 30(3), 166-172

Kopf, B. (2006). In Düsseldorf bewegt sich was – Bewegung, Spiel und Sport mit krebskranken Kindern. *Bewegung und Gesundheitssport.* 22. 186-187

Krauth, K.A. (2006). Bewegung, Spiel und Sport in der familienorientierten Rehhabilitation krebskranker Kinder und Jugendlicher. *Bewegung und Gesundheitssport.* 22. 188-191

Leuschner, E. M. (2006). Möglichkeiten der Bewegungsförderung krebskranker Kinder und Jugendlicher – Erfahrungen aus der Klinik für Knochentransplantation. *Bewegung und Gesundheitssport.* 22. 181-185

McKay, J. & Hirrano, N. (1995). *Chemo-Therapie: Informationen und Hilfen.* Reinbeck: Rowolth

O.A. (2006). Krebs bei Kindern: Leukämie häufigste Krebserkrankung. Zugriff am 17.01.2007 unter http://www.swr.de/leben-was-sonst/kinder-und-krebs/-/id=1060178/nid=1060178/did=1072176/1v09az5/index.html

O.A. (2004). Was ist Krebs . Zugriff am 16.01.2007 unter http://www.krebs-kompass.de/index.html?http://www.krebs-kompass.de/was_ist_krebs_.html~content)

Oehme, J. & Gutjahr, P. Mit e. psychosozialen Beitr. von Michael Hertl. (1981). *Krebs bei Kindern und Jugendlichen: ein Leitfaden für Studium, Praxis und Klinik.* Köln-Lövenich: Dt. Ärzte-Verl.

Petermann, F. (1998). *Lehrbuch der klinischen Kinderpsychologie: Erklärungsansätze und Interventionsverfahren.* Göttingen: Hogrefe

Scharf, S. & Wulftange, M. (2003). Bewegung, Spiel und Sport. Bewegungsorientierte Rehabilitation von Krebskranken Kindern und Jugendlichen. *WIR*, 1, 7-9

Schülz, J., Blettner, M., Michaelis, J. & Kaatsch, P. (2005). Ursachen von Leukämien im Kindesalter: Resümee einer Fallkontrollstudie des Deutschen Kinderkrebsregisters. *Deutsches Ärzteblatt*,102(38),2557-2564

Univ.-Doz. Dr. Zoubek, A. & Uni.-Prof.Dr. Gadner, H. (1997). Krebs bei Kindern. *Gesundheitsbericht Wien*, 28-33. Zugriff am 17.01.2007 unter https://www.wien.gv.at/who/gb/97/pdf/4-5.pdf

Wikipedia. (2007). Leukämie. Zugriff am 17.01.2007 unter http://de.wikipedia.org/wiki/Leuk%C3%A4mie

Zimmer, R. (2002). *Handbuch der Bewegungserziehung.* Freiburg: Herder

Zimmer, R. (2003). *Handbuch der Psychomotorik.* 5.Aufl. Freiburg im Breisgau: Herder

Tabellenverzeichnis

Bertz, J., Giersiepen, K., Haberland, J., Hentschel, S., Kaatsch, P., Katalinic, A., Stabenow R., Stegmaier, C. & Ziegler, H. (2006).Krebs bei Kindern. In Gesellschaft der epidemiologischen Krebsregister in Deutschland e.V und das RKI (Hrsg), *Krebs in Deutschland: Häufigkeiten und Trends* 5. überarbeitete, aktualisierte Ausgabe (S.100-104). Saarbrücken